BEI GRIN MACHT SICH
WISSEN BEZAHLT

- Wir veröffentlichen Ihre Hausarbeit,
  Bachelor- und Masterarbeit

- Ihr eigenes eBook und Buch -
  weltweit in allen wichtigen Shops

- Verdienen Sie an jedem Verkauf

Jetzt bei www.GRIN.com hochladen
und kostenlos publizieren

Anja Zschau

Grundzüge der stochastischen dynamischen Programmierung

GRIN Verlag

Bibliografische Information der Deutschen Nationalbibliothek:

Die Deutsche Bibliothek verzeichnet diese Publikation in der Deutschen National-
bibliografie; detaillierte bibliografische Daten sind im Internet über http://dnb.d-
nb.de/ abrufbar.

Dieses Werk sowie alle darin enthaltenen einzelnen Beiträge und Abbildungen
sind urheberrechtlich geschützt. Jede Verwertung, die nicht ausdrücklich vom
Urheberrechtsschutz zugelassen ist, bedarf der vorherigen Zustimmung des Verla-
ges. Das gilt insbesondere für Vervielfältigungen, Bearbeitungen, Übersetzungen,
Mikroverfilmungen, Auswertungen durch Datenbanken und für die Einspeicherung
und Verarbeitung in elektronische Systeme. Alle Rechte, auch die des auszugsweisen
Nachdrucks, der fotomechanischen Wiedergabe (einschließlich Mikrokopie) sowie
der Auswertung durch Datenbanken oder ähnliche Einrichtungen, vorbehalten.

Impressum:

Copyright © 2001 GRIN Verlag GmbH
Druck und Bindung: Books on Demand GmbH, Norderstedt Germany
ISBN: 978-3-638-73328-1

Dieses Buch bei GRIN:

http://www.grin.com/de/e-book/9069/grundzuege-der-stochastischen-dynamischen-
programmierung

Universität Leipzig
Wirtschaftswissenschaftliche Fakultät
Institut für Empirische Wirtschaftsforschung
Dozentur für Statistik und Operations Research

Hauptseminararbeit zum Thema

Grundzüge der
stochastischen dynamischen Programmierung

Bearbeiter: Anja Zschau
6. Semester

Eingereicht am: 09.06.2001
Vortrag am: 14.06.2001

Inhaltsverzeichnis

1 Einleitung - Dynamische Programmierung[1]

Die dynamische Programmierung (DP) ist ein allgemeines Prinzip zur Lösung *mehrstufiger* oder *sequentieller* Entscheidungsprobleme.

Sie bietet also Lösungsmöglichkeiten für Entscheidungsprobleme, bei denen eine *Folge* voneinander abhängiger Entscheidungen getroffen werden kann, um für das Gesamtproblem ein *Optimum* zu erzielen.

Das Besondere an der DP liegt demnach in der sequentiellen Lösung eines in mehrere Stufen (bzw. Perioden) aufgeteilten Entscheidungsprozesses. Dabei werden auf jeder Stufe jeweils nur die dort existierenden Entscheidungsalternativen betrachtet.[2]

1.1 Allgemeine Form von (diskreten) dynamischen Programmen

- Das Optimierungsproblem kann in eine Sequenz zeitlich und / oder logisch geordneter Teilprobleme (Stufen) zerlegt werden. Pro Stufe ist dabei eine Entscheidung erforderlich, ein Entscheidungsprozess (EP) mit $n < \infty$ aufeinander folgenden Stufen stellt die Lösung des Gesamtproblems dar.

- Aus der Menge Z_i wird jeder Stufe i $(i = 1,...,n)$ ein Element z_i zugeordnet. z_i kennzeichnet dabei den Zustand des EP in der i-ten Stufe.

- Die Entscheidungsalternativen einer Stufe i sind abhängig von der jeweiligen Stufe i und dem Zustand z_i des EP.

  $E_i(z_i)$ für alle $z_i \in Z_i$ bezeichnet die Menge der zulässigen Entscheidungsalternativen.

  $e_i \in E_i(z_i)$ ist die zulässige Entscheidung in der Stufe i.

  Trifft man in Stufe i im Zustand z_i die Entscheidung $e_i \in E_i(z_i)$, dann legt (z_i, e_i) den Zustand z_{i+1} in der nächsten Stufe fest:

  $$z_{i+1} = g_i(z_i, e_i)$$

  mit g_i: Transformationsfunktion der Stufe i.

---

[1] Vgl. Mitschrift zur Vorlesung „Standardmodelle des Operations Research" im WS 2000/2001
[2] Vgl. Domschke, W.; Drexl, A.: Einführung in Operations Research, 3. Aufl., Springer-Verlag, Berlin u.a., 1995, S. 143 ff.

- Die Zielfunktion F des Gesamtproblems besitzt die Form:

$$F(e_1,...,e_n) = \sum_{i=1}^{n} f_i(z_i, e_i)$$

mit $f_i(z_i, e_i)$: additiver Beitrag zur Zielfunktion aus der Entscheidung e_i im Zustand z_i in Stufe i.

Definition (1):   Min. / Max. $F(e_1,...,e_n) = \sum_{i=1}^{n} f_i(z_i, e_i)$!   bzgl. $e_1,...,e_n$

unter den Nebenbedingungen:

$z_{i+1} = g_i(z_i, e_i)$ $(i = 1,...,n)$

$z_i \in Z_i$ $(i = 1,...,n)$

$e_i \in E_i(z_i)$ $(i = 1,...,n)$

z_1, z_{n+1} sind gegeben.

Eine zulässige Folge $(e_1,...,e_n)$ von Entscheidungen heißt Politik oder Strategie. Eine Politik $(e_1^*,...,e_n^*)$, die die Zielfunktion F optimiert, heißt optimale Politik oder optimale Strategie.

1.2 Diskrete deterministische Probleme[3]

1.2.1 Klassifizierung von dynamischen Programmen

Modelle der DP lassen sich klassifizieren nach

- den Zeitabständen der Perioden bzw. Stufen:
  kontinuierliche oder diskrete Modelle

- dem Informationsgrad über die Störgrößen b_i:
  deterministische oder stochastische Modelle

- der Ein- oder Mehrwertigkeit der Zustands- und Entscheidungsvariablen:
  uni- oder multivariate Modelle

- der Endlichkeit oder Unendlichkeit der Mengen Z_i bzw. E_i möglicher Zustände bzw. Entscheidungen:
  endliche oder unendliche Mengen

---

[3] Vgl. Domschke, W.; Drexl, A.: Einführung in Operations Research, a.a.O., S. 145 ff.

1.2.2 Ein Bestellmengenproblem

Betrachtungsgegenstand ist ein einfaches Bestellmengenproblem. Die Stufen, in welche der EP unterteilt werden kann, entsprechen (Zeit-) Perioden.

Die Einkaufsabteilung eines Unternehmens muss für vier aufeinanderfolgende Perioden eine bestimmte Menge eines Rohstoffes bereitstellen, damit ein Produktionsprogramm erstellt werden kann. Die Rohstoffmenge ist dabei in jeder Periode gleich groß.

Die Einkaufspreise sind für jede Periode im voraus bekannt:

Periode i	1	2	3	4
Preis p_i	7	9	12	10
Bedarf b_i	1	1	1	1

Tab. 1: Einkaufspreise und Bedarf
(Quelle: Domschke / Drexl)

Der Lieferant kann (bei vernachlässigbarer Lieferzeit) in einer Periode maximal den Bedarf für zwei Perioden liefern.

Auch die Lagerkapazität ist auf den Bedarf zweier Perioden beschränkt.

Ferner gilt:

- Zu Beginn der 1. Periode ist das Lager leer ($z_0 = 0$).
- Am Ende der 4. Periode soll der Bestand wieder auf 0 abgesunken sein ($z_4 = 0$).

Auf die Erfassung von Lagerkosten soll vereinfachend verzichtet werden.

Welche Mengen x_i sind zu den verschiedenen Zeitpunkten einzukaufen, so dass die Beschaffungskosten K möglichst gering bleiben?

$$\text{Min. } K(x_1,...,x_4) = \sum_{i=1}^{4} p_i \cdot x_i \ ! \qquad \text{bzgl. } x_1,...,x_4$$

unter den Nebenbedingungen:

$$z_i = z_{i-1} + x_i - b_i \qquad (i = 1,...,4)$$
$$z_i \in \{0,1,2\} \qquad (i = 1,2,3)$$
$$x_i \in \{0,1,2\} \qquad (i = 1,...,4)$$
$$z_1 = z_4 = 0$$

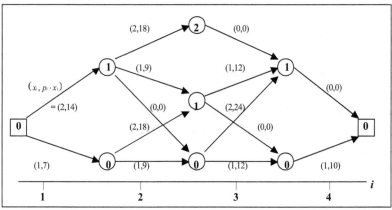

Abb. 1: Zustände des Lagers in den Perioden i
(In Anlehnung an: Domschke / Drexl)

1.3 Lösungsansätze der dynamischen Programmierung[4]

1.3.1 Das Optimalitätsprinzip von Bellman

Satz: Sei $(e_1{}^*,..., e_{j-1}{}^*, e_j{}^*,..., e_n{}^*)$ eine optimale Politik für das DP aus Definition

(1) mit deterministischen Zuständen, dann gilt:

1) $(e_1{}^*,..., e_{j-1}{}^*)$ ist eine optimale Politik für das Teil-DP:

$$\text{Min. / Max. } F_1(e_1,...,e_{j-1}) = \sum_{i=1}^{j-1} f_i(z_i,e_i) \ ! \qquad \text{mit } (i = 1,..., j-1)$$

unter den Nebenbedingungen:

$z_{i+1} = g_i(z_i, e_i)$ $(i = 1,..., j-1)$

$z_i \in Z_i$ $(i = 1,..., j-1)$

$e_i \in E_i(z_i)$ $(i = 1,..., j-1)$

z_1 ist gegeben, $z_j = z_j{}^*$.

2) $(e_j{}^*,..., e_n{}^*)$ ist die optimale Politik für das Teil-DP:

$$\text{Min. / Max. } F_2(e_j,...,e_n) = \sum_{i=j}^{n} f_i(z_i, e_i) \ !$$

---

[4] Vgl. Mitschrift zur Vorlesung „Standardmodelle des Operations Research" im WS 2000/2001

unter den Nebenbedingungen:

$$z_{i+1} = g_i(z_i, e_i) \qquad (i = j, ..., n)$$

$$z_i \in Z_i \qquad (i = j, ..., n)$$

$$e_i \in E_i(z_i) \qquad (i = j, ..., n)$$

z_{n+1} ist gegeben, $z_j = z_j^*$.

1.3.2   Rückwärts-Vorwärts-Rekursion (<--)

Für jede Stufe i und jeden Zustand $z_i \in Z_i$ bezeichnet die Funktion $F_i^*(z_i)$ den Zielfunktionswert für die optimale Politik des Teil-DP mit dem Startzustand z_i und dem Endzustand z_{n+1} (z_{n+1} ist gegeben).

<u>Initialisierung:</u> $\overleftarrow{F}_{n+1}^*(z_{n+1}) = 0$.

<u>Iteration:</u> $i = n, n-1, n-2$

Bestimme für ein gegebenes i und jedes $z_i \in Z_i$ den Wert

$\overleftarrow{F}_i^*(z_i)$ gemäß der Rekursionsgleichung:

$$\overleftarrow{F}_i^*(z_i) = \min(\max)_{e_i \in E_i(z_i)} \{ f_i(z_i, e_i) + \overleftarrow{F}_{i+1}^*(z_{i+1}) \}$$

$$= \min(\max)_{e_i \in E_i(z_i)} \{ f_i(z_i, e_i) + \overleftarrow{F}_{i+1}^*(g_i(z_i, e_i)) \}$$

(sog. „Bellman'sche Funktionalgleichung")

<u>Vorwärtsrechnung:</u>   Nach der n-ten Iteration ($i = 1$) erhält man den Zielfunktionswert der optimalen Politik des DP:

$$F_1^*(z_1) = F(e_1^*, ..., e_n^*)$$

Die optimale Politik kann in einer Vorwärtsrechnung explizit ermittelt werden.

1.3.3   Vorwärts-Rückwärts-Rekursion (-->)

$\overrightarrow{F}_i^*(z_i)$ bezeichnet den Zielfunktionswert eines optimalen Entscheidungspfades vom vorgegebenen Anfangszustand z_1 zu einem beliebigen Endzustand $z_i \in Z_i$ in *Stufe i* ($i \in \{1, ..., n+1\}$).

<u>Initialisierung:</u> $\overrightarrow{F}_{i+1}^*(z_{i+1}) = 0$.

Vorwärtsiteration:	$i = 1, 2,..., n$

Bestimme für jedes z_{i+1} in Stufe $i+1$ den Wert $\vec{F}_i^*(z_i)$ gemäß folgender Rekursionsgleichung:

$$\vec{F}_{i+1}^*(z_{i+1}) = \min(\max)_{e_i \in E_i (z_i)} \{ f_i(z_i, e_i) + \vec{F}_i^*(z_i) \}$$

für $i = n$ folgt:

$$\vec{F}_{n+1}^*(z_{n+1}) = F(e_1^*, e_2^*,..., e_n^*).$$

Rückwärtsiteration:	$i = n, n-1,..., 1$

Ermittle $e_n^*, e_{n-1}^*,..., e_1^*$.

Sonderfälle:	Probleme mit mehreren Start- und / oder Endzuständen. Man führt dabei fiktive kosten- bzw. nutzenneutrale Anfangs- und / oder Endzustände ein.

2   Stochastische Dynamische Programmierung

Bei vielen aus der Praxis stammenden dynamischen Optimierungsproblemen treten stochastische Einflüsse auf. Bei Lagerhaltungsproblemen ist z.b. die Nachfrage oft mit großen Unsicherheiten verbunden, so dass die Nachfragemenge und somit auch der Lagerbestand als Zufallsgrößen anzusehen sind.

Stochastische dynamische Optimierungsprobleme sind i.d.R. wesentlich komplizierter als die entsprechenden, oben bereits erläuterten deterministischen Probleme.[5]

2.1   Aufgabenstellung der stochastischen dynamischen Programmierung[6]

Seien z_i der (realisierte) Zustand zu Beginn von Stufe i und e_i die in Stufe i getroffene Entscheidung ($1 = i = n$). Dann sei der Zustand am Ende der Stufe i eine Zufallsgröße, deren (bedingte) Verteilung durch die auf IR definierte Verteilungsdichte $F(z_i, e_i)$ gegeben ist. Es wird also angenommen, dass diese Verteilung stetig sei.

Da eine Betrachtung von stetigen Zustandsräumen den Rahmen dieser Arbeit sprengen würde, konzentrieren wir uns im folgenden nur auf den Fall der diskreten Verteilung.

Der vorgegebene Anfangszustand $z_1 = z_a$ sei eine deterministische Größe. Weiter nimmt man an, dass beim Übergang vom (realisierten) Zustand z_i zu Beginn der Stufe i in den

---

[5] Vgl. Neumann, K.; Morlock, M.: Operations Research, Carl Hanser Verlag, München u.a., 1993, S. 615 ff.
[6] Vgl. Neumann, K.; Morlock, M.: Operations Research, a.a.O., S. 615 ff.

(realisierten) Endzustand z_{i+1} die Kosten $g_i(z_i,e_i,z_{i+1})$ anfallen, die also außer von z_i und z_{i+1} noch von der (in dieser Stufe) getroffenen Entscheidung e_i abhängen können.

$Z_{i+1} \subseteq IR$ sei der Bereich der Endzustände und $E_i(z_i)$ mit $z_i \in Z_i$ der Steuerbereich für Stufe i [$(1 = i = n)$ sowie $Z_1 := \{z_1\}$].

Ziel ist es nun, die erwarteten Kosten über den gesamten Planungszeitraum (n Stufen bzw. Perioden) hinweg zu minimieren. Da die möglichen Zustände Zufallsgrößen sind, ist es sinnvoll, eine Politik in Form einer Rückkopplungssteuerung $(y_1,...,y_n)$ anzugeben, wobei y_i eine auf Z_i erklärte Funktion darstellt und $y_i(z_i) \in E_i(z_i)$ eine Entscheidung ist, die getroffen wird, wenn zu Beginn der Stufe i der Zustand z_i realisiert wird ($1 = i = n$).

Gesucht ist wieder eine optimale Politik, welche die minimalen erwarteten Kosten liefert.

Man bezeichnet die minimalen erwarteten Kosten der Stufen i, $i+1,...,n$ bei gegebenem realisierten Zustand z_i zu Beginn der Stufe i mit $v_i^*(z_i)$ und setzt $v_{n+1}^*(z_{n+1}) := 0$ für $z_{n+1} \in Z_{n+1}$. Die Bellman'sche Funktionalgleichung lautet dann:

$$(1) \qquad v_i^*(z_i) = \min_{e_i \in E_i(z_i)} \sum_{z_{i+1}} [g_i(z_i,e_i,z_{i+1}) + v_{i+1}^*(z_{i+1})] \Phi_i(z_{i+1} \mid z_i, e_i)$$

mit $(z_i \in Z_i, 1 = i = n)$.

Führt man nun die erwarteten Kosten $\overline{g}_i(z_i,e_i)$ für die Stufe i ein, wenn z_i der (realisierte) Zustand zu Beginn von Stufe i und e_i die Entscheidung in Stufe i sind, also:

$$\overline{g}_i(z_i,e_i) = \sum_{Z_{i+1}} g_i(z_i,e_i,z_{i+1}) \Phi_i(z_{i+1} \mid z_i, e_i)$$

so folgt die Bellman'sche Funktionalgleichung in folgender Form:

$$(2) \qquad v_i^*(z_i) = \min_{e_i \in E_i(z_i)} \{\overline{g}_i(z_i,e_i) + \sum_{z_{i+1}} [v_{i+1}^*(z_{i+1})] \Phi_i(z_{i+1} \mid z_i, e_i)\}$$

mit $(z_i \in Z_i, 1 = i = n)$.

Bei bekannter Funktion v_{i+1}^* können durch Auswertung dieser Funktionalgleichung die Funktionen v_i^* und y_i^* bestimmt werden, wobei $y_i^*(z_i)$ eine Minimalstelle der durch

$$w_i^*(z_i,e_i) = \overline{g}_i(z_i,e_i) + \sum_{z_{i+1}} [v_{i+1}^*(z_{i+1})] \Phi_i(z_{i+1} \mid z_i, e_i)$$

gegebenen Funktion $w_i(z_i, \cdot)$ auf $E_i(z_i)$ ist.

In dieser Weise lassen sich die Funktionen v_i^* und y_i^* sukzessiv für n, $n-1,...,$ 1 ermitteln. $(y_1^*,...,y_n^*)$ stellt dann eine optimale Politik dar.

Die Auswertung der Funktionalgleichung **(2)** ist i.a. sehr aufwendig. Eine Vereinfachung ergibt sich, wenn man ein sog. „stationäres Problem" betrachtet. Hierbei sind die das dynamische Optimierungsproblem charakterisierenden Größen g_i, F_i, Z_i und E_i unabhängig von der Stufe i. Bei stationären Problemen berücksichtigt man i.d.R. noch eine Diskontierung der Kosten. Dazu führt man einen Diskontfaktor a mit $0 < a = 1$ ein. Das bedeutet, dass ein Geldbetrag von € 1 am Ende einer Stufe zu Beginn dieser Periode (bzw. am Ende der vorhergehenden Stufe)

$$\alpha = \frac{1}{1+i}$$

€ wert ist, wobei *100i %* den Zinssatz pro Stufe darstellt.

Ziel ist es, die auf den Beginn des Planungszeitraumes (Beginn von Stufe 1) diskontierten erwarteten Kosten zu minimieren.

Seien $\tilde{v}_i^*(z_i)$ die minimalen erwarteten Kosten der Stufen $i,i+1,...,n$ (bei gegebenem realisierten Zustand z_i zu Beginn der Stufe i), diskontiert auf den Beginn von Stufe 1. Dann erhält man die Bellman'sche Funktionalgleichung in folgender Form:

(3) $$\tilde{v}_i^*(z_i) = \min_{e_i \in E_i(z_i)} \{\alpha^{i-1} \cdot \overline{g}(z_i,e_i) + \sum \tilde{v}_{i+1}^*(z_{i+1})\Phi_i(z_{i+1} \mid z_i,e_i)\}$$

mit $(z_i \in Z_i, 1 = i = n)$.

Führt man die minimalen erwarteten Kosten der Perioden i, $i+1,...$, n, diskontiert auf den Beginn von Stufe i, ein, so erhält man mit

$$\tilde{v}_i^*(z_i) = \alpha^{i-1} \cdot v_i^*(z_i)$$

aus (3) nach Division durch a^{i-1} $(a > 0)$ die folgende Funktionalgleichung:

(4) $$\tilde{v}_i^*(z_i) = \min_{e_i \in E_i(z_i)} \{\overline{g}(z_i,e_i) + \alpha \sum \tilde{v}_{i+1}^*(z_{i+1})\Phi_i(z_{i+1} \mid z_i,e_i)\}$$

mit $(z_i \in Z_i, 1 = i = n)$.

2.2 Beispiele

2.2.1 Unbekannter Ertrag der aktuellen Periode, bekannter Zustand der nächsten Periode[7]

Die Supermarktkette SUPERSPAR kauft täglich 6 Flaschen Milch zum Preis von je € 1 pro Flasche von einer Molkerei. Jede Milchflasche wird in einer der 3 Filialen der SUPERSPAR zum Preis von jeweils € 2 verkauft. Die Molkerei ist vertraglich verpflichtet, nicht verkaufte Flaschen für jeweils € 0,5 zurückzukaufen.

Unglücklicherweise ist die Nachfrage in den 3 SUPERSPAR-Filialen ungewiss. Daten früherer Perioden zeigen die folgende (tägliche) Nachfrage:

Filiale	tgl. Nachfrage	Wahrscheinlichkeit
1	1	0,6
	2	0,0
	3	0,4
2	1	0,5
	2	0,1
	3	0,4
3	1	0,4
	2	0,3
	3	0,3

Tab. 2: tgl. Nachfrage und Wahrscheinlichkeiten in den Filialen
(in Anlehnung an: Winston)

SUPERSPAR möchte nun die 6 Flaschen so auf die Filialen verteilen, dass der erwartete Gewinn maximal wird.

Da die Kosten € 6 pro Tag betragen, konzentrieren wir uns auf den täglich erwarteten Ertrag.

$r_i(g_i)$: erwarteter Ertrag aus dem Verkauf von g_i Flaschen in Filiale i

$f_i(z)$: maximal erwarteter Ertrag aus dem Verkauf von z Flaschen in den

Filialen $i, i+1, ..., 3$

$f_3(z)$ ist nach dieser Definition der erwartete Ertrag aus dem Verkauf von z Flaschen in Filiale _3_.

Es folgt:

$$f_3(z) = r_3(z)$$

[7] Vgl.: Winston, W.L.: Operations Research. Applications and Algorithms, 3rd edition, Duxbury Press, 1993, S. 1066 ff.

Für $i = 1,2$ gilt:

(1) $\quad f_i(z) = \max_{g_i} \{r_i(g_i) + f_{i+1}(z\text{-}g_i)\}$

mit $g_i \in \{0, 1,..., z\}$, Anzahl der zu verkaufenden Flaschen in Filiale i.

Gleichung **(1)** folgt, weil für jede Wahl von g_i der erwartete Ertrag von Filiale i, $i+1$,...,3 gleich der Summe des erwarteten Ertrages von Filiale i plus dem maximal erwarteten Ertrag, der aus dem Verkauf der Filialen $i+1, i+2$,...,3 erzielt werden kann ist. Um die optimale Aufteilung der Milchflaschen auf die Filialen zu erhalten, beginnen wir mit der Bestimmung von $f_3(0)$, $f_3(1)$, ..., $f_3(6)$. Danach berechnen wir $f_2(0)$, $f_2(1)$, ..., $f_2(6)$ gemäß Gleichung **(1)**, bis wir $f_1(6)$ erreichen.

Nun errechnen wir die $r_i(g_i)$ für $g_i = \{0,1,2 \text{ oder } 3\}$, da es sinnlos wäre, einer Filiale mehr als 3 Flaschen zuzuteilen.

Bsp.: Berechnung von $r_3(2)$, erwarteter Ertrag wenn der Filiale 3 insgesamt 2 Flaschen zugeteilt wurden

Nachfrage	Ertrag	Wahrscheinlichkeit
2 oder mehr	2 * € 2 = € 4	0,6
1	1 * € 2 + € 0,5 = € 2,5	0,4

Tab 3.: erwarteter Ertrag
(In Anlehnung an: Winston)

Daraus folgt:

$$r_3(2) = € 4 * 0,6 + € 2,5 * 0,4 = € 3,40$$

Für die restlichen erwarteten Erträge $r_i(g_i)$ erhalten wir folgende Ergebnisse:

$r_3(0) = € 0$	$r_2(0) = € 0$	$r_1(0) = € 0$
$r_3(1) = € 2$	$r_2(1) = € 2$	$r_1(1) = € 2$
$r_3(2) = € 3,40$	$r_2(2) = € 3,25$	$r_1(2) = € 3,10$
$r_3(3) = € 4,35$	$r_2(3) = € 4,35$	$r_1(3) = € 4,20$

Nun benutzen wir Gleichung **(1)**, um eine optimale Aufteilung der Milchflaschen auf die Filialen zu berechnen. $g_i(z)$ ist dann die Aufteilung von z Flaschen auf die Filiale i, die $f_i(z)$ erreicht.

$$f_3(0) = r_3(0) = €\ 0 \qquad\qquad\qquad g_3(0) = 0\ Flaschen$$

$$f_3(1) = r_3(1) = €\ 2 \qquad\qquad\qquad g_3(1) = 1\ Flaschen$$

$$f_3(2) = r_3(2) = €\ 3,40 \qquad\qquad g_3(2) = 2\ Flaschen$$

$$f_3(3) = r_3(3) = €\ 4,35 \qquad\qquad g_3(3) = 3\ Flaschen$$

Da die Nachfrage in den einzelnen Filialen und somit auch die optimale Aufteilung auf die Filialen nie größer als 3 Flaschen ist, brauchen wir $f_3(4), f_3(5)$ und $f_3(6)$ nicht zu berechnen. Gemäß Gleichung (1) erhalten wir rückwärts gerechnet:

$$f_2(0) = \qquad r_2(0) + f_3(0\text{-}0) = 0 \qquad\qquad g_2(0) = 0\ Flaschen$$

$$f_2(1) = \max \begin{cases} r_2(0) + f_3(1\text{-}0) = 2^* \\ r_2(1) + f_3(1\text{-}1) = 2^* \end{cases} \qquad g_2(1) = 0\ od.\ 1\ Flasche$$

$$f_2(2) = \max \begin{cases} r_2(0) + f_3(2\text{-}0) = 0 + 3,40 = 3,40 \\ r_2(1) + f_3(2\text{-}1) = 2 + 2 \quad = 4,00^* \\ r_2(2) + f_3(2\text{-}2) = 3,25 + 0 = 3,25 \end{cases} \qquad g_2(2) = 1\ Flasche$$

$$f_2(3) = \max \begin{cases} r_2(0) + f_3(3\text{-}0) = 0 + 4,35 = 4,35 \\ r_2(1) + f_3(3\text{-}1) = 2 + 3,40 = 5,40^* \\ r_2(2) + f_3(3\text{-}2) = 3,25 + 2 = 5,25 \\ r_2(3) + f_3(3\text{-}3) = 4,35 + 0 = 4,35 \end{cases} \qquad g_2(3) = 1\ Flasche$$

Bei der Berechnung von $f_2(4)$, $f_2(5)$ und $f_2(6)$ brauchen wir Aufteilungen von mehr als 3 Flaschen pro Filiale 2 und 3 nicht berücksichtigen.

$$f_2(4) = \max \begin{cases} r_2(1) + f_3(4\text{-}1) = 2 + 4,35 \quad = 6,35 \\ r_2(2) + f_3(4\text{-}2) = 3,25 + 3,40 = 6,65^* \\ r_2(3) + f_3(4\text{-}3) = 4,35 + 2 \quad = 6,35 \end{cases} \qquad g_2(4) = 2\ Flaschen$$

$$f_2(5) = \max \begin{cases} r_2(2) + f_3(5\text{-}2) = 3,25 + 4,35 = 7,60 \\ r_2(3) + f_3(5\text{-}3) = 4,35 + 3,40 = 7,75^* \end{cases} \qquad g_2(5) = 3\ Flaschen$$

$$f_2(6) = \qquad r_2(3) + f_3(6\text{-}3) = 4,35 + 4,35 = 8,70^* \qquad g_2(6) = 3\ Flaschen$$

Schließlich erhalten wir:

$$f_1(6) = \max \begin{cases} r_1(0) + f_2(6\text{-}0) = 0 + 8{,}70 & = 8{,}70 \\ r_1(1) + f_2(6\text{-}1) = 2 + 7{,}75 & = 9{,}75^* \\ r_1(2) + f_2(6\text{-}2) = 3{,}10 + 6{,}65 = 9{,}75^* \\ r_1(3) + f_2(6\text{-}3) = 4{,}20 + 5{,}40 = 9{,}60 \end{cases} \qquad g_1(6) = 1 \text{ od. } 2 \text{ Flaschen}$$

Wir können Filiale 1 entweder 1 oder 2 Flaschen zuteilen.

Bsp.: Zuteilung von 1 Flasche an Filiale 1

Filiale	Flaschen	Rest
1	1	5
2	3, da $g_2(5) = 3$	2
3	2, da $g_3(2) = 2$	0

Tab. 4: Verteilung der Flaschen
(In Anlehnung an: Winston)

Beachte: Obwohl mit dieser Politik der maximal erwartete Ertrag $f_1(6) = €\ 9{,}75$ erzielt wird, kann der tatsächlich erzielte Ertrag an einem bestimmten Tag auch über oder unter € 9,75 liegen.

Wenn die Nachfrage bspw. 1 Flasche pro Filiale beträgt, erhält man einen totalen Ertrag von € 2 * 3 + € 0,5 * 3 = € 7,50.

Beträgt die Nachfrage jedoch 3 Flaschen je Filiale erwirtschaftet man einen Ertrag von insgesamt € 2 * 6 = € 12.

2.2.2 Maximierung der Wahrscheinlichkeit für das Eintreten eines Ereignisses[8]

Es gibt viele Anlässe, in denen das Ziel der Entscheidungsträger die Maximierung der Eintrittswahrscheinlichkeit für ein Ereignis darstellt.

Bspw. könnte ein Unternehmen die Wahrscheinlichkeit (WK), einen bestimmten Level der jährlichen Umsätze zu erreichen, maximieren wollen.

Bei der Lösung derartiger Probleme setzt man den Wert 1 für den Fall, dass das gewünschte Ereignis eintritt, und den Wert 0, falls es nicht eintritt. Dann maximiert man einfach die Eintritts-WK für dieses Ereignis.

Das folgende Beispiel soll diesen Sachverhalt veranschaulichen:

---

[8] Vgl.: Winston, W.L.: Operations Research. Applications and Algorithms, a.a.O., S. 1073 ff.

Ein Spieler hat € 2 Startkapital. Er darf an einem Spiel 4-mal teilnehmen und hat das Ziel, die WK, das Spiel mit mindestens € 6 zu beenden, zu maximieren. Mit einer WK von 40% gewinnt er eine Runde des Spiels und erhöht sein Kapital um den Spieleinsatz € g. Dementsprechend verliert er die Runde mit einer WK von 60% und vermindert damit sein Kapital um € g. Der Spieler kann pro Runde nicht mehr Geld setzen als er hat. Weiterhin wird unterstellt, dass ein Wetteinsatz von € 0 erlaubt ist.

Gesucht ist eine Wettstrategie, die die Eintritts-WK des angestrebten Ereignisses (am Ende der 4. Runde mindestens € 6 zu besitzen) maximiert.

$f_i(z)$: WK, dass der Spieler am Ende der 4. Runde mindestens € 6 besitzt, wenn er optimal spielt und vor Beginn der 4. Runde bereits € z hat.

Man setzt die Werte:

1: der Spieler beendet das Spiel nach der 4. Runde mit mindestens € 6

0: der Spieler beendet das Spiel nach der 4. Runde mit weniger als € 6

$f_i(z)$ ist dann gleich dem Maximum des erwarteten Gewinns, der während der Runden $i, i+1, ..., 4$ erzielt wird, wenn der Spieler vor der i-ten Runde bereits € z besitzt.

$g_i(z)$ [€]: Wettgröße, mit der der Spieler $f_i(z)$ erzielt.

Die Spielstrategie des Spielers in der letzten Runde ist klar:

Wenn er € 6 oder mehr besitzt, beträgt sein Einsatz € 0. Andernfalls setzt er genug Geld (falls vorhanden), um sicherzustellen, dass er nach der Runde mindestens € 6 besitzt (vorausgesetzt er gewinnt diese Runde).

Beginnt er Runde 4 mit nur € 0, € 1, oder € 2, dann hat er jedoch keine Chance mehr, dass das erwartete Ereignis eintritt.

Man erhält folgende Ergebnisse für

Runde 4:

$f_4(0) = 0$ $g_4(0) = €\ 0$

$f_4(1) = 0$ $g_4(1) = €\ 0\ oder\ €\ 1$

$f_4(2) = 0$ $g_4(2) = €\ 0;\ €\ 1\ oder\ €\ 2$

$f_4(3) = 0,40$ $g_4(3) = €\ 3$

$f_4(4) = 0,40$ $g_4(4) = €\ 2;\ €\ 3\ oder\ €\ 4$

$f_4(5) = 0,40$ $g_4(5) = €\ 1;\ €\ 2;\ €\ 3;\ €\ 4\ oder\ €\ 5$

Für $z = 6$ gilt:

$$f_4(z) = 1 \qquad\qquad g_4(z) = \text{€ } 0; \text{€ } 1; \dots; \text{€ } (z\text{-}6)$$

Für $i = 3$ gilt folgende Rekursion für $f_i(z)$, wenn der Spieler € z hat, in der i-ten Runde spielt und € g einsetzt:

gewinne Runde i (0,40) $f_{i+1}(z\text{+}g)$

verliere Runde i (0,60) $f_{i+1}(z\text{-}g)$

Daraus folgt für die erwartete WK (€ 6 zu erreichen):

$$0{,}4 * f_{i+1}(z\text{+}g) + 0{,}6 * f_{i+1}(z\text{-}g)$$

Es folgt dann die Rekursion:

(2) $f_i(z) = \max_{g} (0{,}4 * f_{i+1}(z\text{+}g) + 0{,}6 * f_{i+1}(z\text{-}g))$

mit $g \in \{0,1,\dots,z\}$.

Dann ist $g_i(z)$ jede Wettgröße, welche die Gleichung **(2)** maximiert.

Man rechnet mit **(2)** nun rückwärts, bis man den Wert $f_i(2)$ erhält:

Runde 3:

   $\rightarrow f_3(0) = 0;\ g_3(0) = \text{€ } 0$

$$f_3(1) = \max \begin{cases} 0{,}4 * f_4(1) + 0{,}6 * f_4(1) = 0^* \\ 0{,}4 * f_4(2) + 0{,}6 * f_4(0) = 0^* \end{cases} \qquad \begin{array}{l} \textit{(€ 0 wetten)} \\ \textit{(€ 1 wetten)} \end{array}$$

   $\rightarrow f_3(1) = 0;\ g_3(1) = \text{€ } 0 \text{ oder € } 1$

$$f_3(2) = \max \begin{cases} 0{,}4 * f_4(2) + 0{,}6 * f_4(2) = 0 \\ 0{,}4 * f_4(3) + 0{,}6 * f_4(1) = 0{,}16^* \\ 0{,}4 * f_4(4) + 0{,}6 * f_4(0) = 0{,}16^* \end{cases} \qquad \begin{array}{l} \textit{(€ 0 wetten)} \\ \textit{(€ 1 wetten)} \\ \textit{(€ 2 wetten)} \end{array}$$

   $\rightarrow f_3(2) = 0{,}16;\ g_3(2) = \text{€ } 1 \text{ oder € } 2$

$$f_3(3) = \max \begin{cases} 0{,}4 * f_4(3) + 0{,}6 * f_4(3) = 0{,}40^* \\ 0{,}4 * f_4(4) + 0{,}6 * f_4(2) = 0{,}16 \\ 0{,}4 * f_4(5) + 0{,}6 * f_4(1) = 0{,}16 \\ 0{,}4 * f_4(6) + 0{,}6 * f_4(0) = 0{,}40^* \end{cases} \qquad \begin{array}{l} \textit{(€ 0 wetten)} \\ \textit{(€ 1 wetten)} \\ \textit{(€ 2 wetten)} \\ \textit{(€ 3 wetten)} \end{array}$$

$\rightarrow f_3(3) = 0,40; \, g_3(3) = \text{\euro} \, 0 \text{ oder } \text{\euro} \, 3$

$$f_3(4) = \max \begin{cases} 0,4 * f_4(4) + 0,6 * f_4(4) = 0,40^* & (\text{\euro } 0 \text{ wetten}) \\ 0,4 * f_4(5) + 0,6 * f_4(3) = 0,40^* & (\text{\euro } 1 \text{ wetten}) \\ 0,4 * f_4(6) + 0,6 * f_4(2) = 0,40^* & (\text{\euro } 2 \text{ wetten}) \\ 0,4 * f_4(7) + 0,6 * f_4(1) = 0,40^* & (\text{\euro } 3 \text{ wetten}) \\ 0,4 * f_4(8) + 0,6 * f_4(0) = 0,40^* & (\text{\euro } 4 \text{ wetten}) \end{cases}$$

$\rightarrow f_3(4) = 0,40; \, g_3(4) = \text{\euro} \, 0, \, \text{\euro} \, 1, \, \text{\euro} \, 2, \, \text{\euro} \, 3 \text{ oder } \text{\euro} \, 4$

$$f_3(5) = \max \begin{cases} 0,4 * f_4(5) + 0,6 * f_4(5) = 0,40 & (\text{\euro } 0 \text{ wetten}) \\ 0,4 * f_4(6) + 0,6 * f_4(4) = 0,64^* & (\text{\euro } 1 \text{ wetten}) \\ 0,4 * f_4(7) + 0,6 * f_4(3) = 0,64^* & (\text{\euro } 2 \text{ wetten}) \\ 0,4 * f_4(8) + 0,6 * f_4(2) = 0,40 & (\text{\euro } 3 \text{ wetten}) \\ 0,4 * f_4(9) + 0,6 * f_4(1) = 0,40 & (\text{\euro } 4 \text{ wetten}) \\ 0,4 * f_4(10) + 0,6 * f_4(0) = 0,40 & (\text{\euro } 5 \text{ wetten}) \end{cases}$$

$\rightarrow f_3(5) = 0,64; \, g_3(4) = \text{\euro} \, 1 \text{ oder } \text{\euro} \, 2$

Für $z = 6$ gilt:

$\rightarrow f_3(z) = 1; \, g_3(z) = \text{\euro} \, 0; \, \text{\euro} \, 1; \, ...; \, \text{\euro} \, (z\text{-}6)$

Runde 2:

$\rightarrow f_2(0) = 0; \, g_2(0) = \text{\euro} \, 0$

$$f_2(1) = \max \begin{cases} 0,4 * f_3(1) + 0,6 * f_3(1) = 0 & (\text{\euro } 0 \text{ wetten}) \\ 0,4 * f_3(2) + 0,6 * f_3(0) = 0,064^* & (\text{\euro } 1 \text{ wetten}) \end{cases}$$

$\rightarrow f_2(1) = 0,064; \, g_2(1) = \text{\euro} \, 1$

$$f_2(2) = \max \begin{cases} 0,4 * f_3(2) + 0,6 * f_3(2) = 0,16^* & (\text{\euro } 0 \text{ wetten}) \\ 0,4 * f_3(3) + 0,6 * f_3(1) = 0,16^* & (\text{\euro } 1 \text{ wetten}) \\ 0,4 * f_3(4) + 0,6 * f_3(0) = 0,16^* & (\text{\euro } 2 \text{ wetten}) \end{cases}$$

$\rightarrow f_2(2) = 0,16; \, g_2(2) = \text{\euro} \, 0, \, \text{\euro} \, 1 \text{ oder } \text{\euro} \, 2$

$$f_2(3) = \max \begin{cases} 0,4 * f_3(3) + 0,6 * f_3(3) = 0,40^* & \text{(€ 0 wetten)} \\ 0,4 * f_3(4) + 0,6 * f_3(2) = 0,256 & \text{(€ 1 wetten)} \\ 0,4 * f_3(5) + 0,6 * f_3(1) = 0,256 & \text{(€ 2 wetten)} \\ 0,4 * f_3(6) + 0,6 * f_3(0) = 0,40^* & \text{(€ 3 wetten)} \end{cases}$$

--> $f_2(3) = 0,40$; $g_2(3) = $ **€ 0 oder € 3**

$$f_2(4) = \max \begin{cases} 0,4 * f_3(4) + 0,6 * f_3(4) = 0,40 & \text{(€ 0 wetten)} \\ 0,4 * f_3(5) + 0,6 * f_3(3) = 0,496^* & \text{(€ 1 wetten)} \\ 0,4 * f_3(6) + 0,6 * f_3(2) = 0,496^* & \text{(€ 2 wetten)} \\ 0,4 * f_3(7) + 0,6 * f_3(1) = 0,40 & \text{(€ 3 wetten)} \\ 0,4 * f_3(8) + 0,6 * f_3(0) = 0,40 & \text{(€ 4 wetten)} \end{cases}$$

--> $f_2(4) = 0,496$; $g_2(4) = $ **€ 1 oder € 2**

$$f_2(5) = \max \begin{cases} 0,4 * f_3(5) + 0,6 * f_3(5) = 0,64^* & \text{(€ 0 wetten)} \\ 0,4 * f_3(6) + 0,6 * f_3(4) = 0,64^* & \text{(€ 1 wetten)} \\ 0,4 * f_3(7) + 0,6 * f_3(3) = 0,64^* & \text{(€ 2 wetten)} \\ 0,4 * f_3(8) + 0,6 * f_3(2) = 0,496 & \text{(€ 3 wetten)} \\ 0,4 * f_3(9) + 0,6 * f_3(1) = 0,40 & \text{(€ 4 wetten)} \\ 0,4 * f_3(10) + 0,6 * f_3(0) = 0,40 & \text{(€ 5 wetten)} \end{cases}$$

--> $f_2(5) = 0,64$; $g_2(4) = $ **€ 0 , € 1 oder € 2**

Für $z = 6$ gilt:

--> $f_2(z) = 1$; $g_2(z) = $ **€ 0; € 1; ...; € (z-6)**

Runde 1:

$$f_1(2) = \max \begin{cases} 0,4 * f_2(2) + 0,6 * f_2(2) = 0,16 & \text{(€ 0 wetten)} \\ 0,4 * f_2(3) + 0,6 * f_2(1) = 0,1984^* & \text{(€ 1 wetten)} \\ 0,4 * f_2(4) + 0,6 * f_2(0) = 0,1984^* & \text{(€ 2 wetten)} \end{cases}$$

--> $f_1(2) = 0,1984$; $g_1(2) = $ **€ 1 oder € 2**

<u>Fazit:</u> Der Spieler hat eine Chance von 0,1984 (= 19,84 %) sein Ziel (€ 6) zu erreichen.

Beginnt der Spieler bspw. mit einem Einsatz von $g_1(2)$ = € 1 zeigt Abb. 2 die verschiedenen weiteren Handlungsmöglichkeiten.

Der Spieler kann sein Ziel auf zwei verschiedenen Wegen erreichen:

1) Runde 1 und 3 gewinnen: WK = $(0,4)^2$ = 0,16

2) Runde 2, 3 und 4 gewinnen: WK = 0,6 * $(0,4)^3$ = 0,384

Damit beträgt die Gesamt-WK 0,16 + 0,384 = <u>0,1984 = $f_1(2)$.</u>

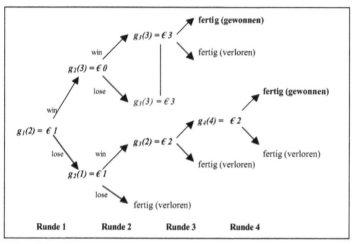

Abb. 2: Wettstrategien
(In Anlehnung an: Winston)

3   Markov-Entscheidungsprozesse[9]

Markov-Entscheidungsprozesse stellen das Kernstück der stochastischen dynamischen Programmierung dar und werden für die Lösung von Optimierungsproblemen mit unendlich großem (Planungs-) Horizont, d.h. $n \nrightarrow 8$, genutzt.

3.1   Übergangs- und Zustandswahrscheinlichkeiten

Wir gehen vom einfachsten Fall mit zwei Zuständen aus.

Den Übergang von einem Zustand in den nächsten kann man dabei in der folgenden Übergangsmatrix (ÜM) darstellen:

$$P = \begin{pmatrix} p_{00} & p_{01} \\ p_{10} & p_{11} \end{pmatrix}$$

mit p_{ij} : Übergangswahrscheinlichkeit (ÜW) von i nach j

     Zeilenindex i: aktueller Zustand

     Zeilenindex j: nächster Zustand

Sind die Wahrscheinlichkeiten des Anfangszustandes $\pi^{(0)} = (\pi_0^{(0)}, \pi_1^{(0)})$ bekannt, dann ist die Wahrscheinlichkeit des Zustandes in der nächsten Periode bestimmt durch:

$$(\pi_0^{(1)}, \pi_1^{(1)}) = (\pi_0^{(0)}, \pi_1^{(0)}) \begin{pmatrix} p_{00} & p_{01} \\ p_{10} & p_{11} \end{pmatrix} \quad \text{bzw.} \quad \pi^{'(1)} = \pi^{'(0)} \cdot P$$

Ferner gilt für die n-te Periode:

$$\pi^{'(n)} = \pi^{'(0)} \cdot P^n$$

mit $\pi^{'(n)}$: Zeilenvektor der Zustandswahrscheinlichkeiten in Periode n

Falls alle $p_{ij} > 0$ sind, konvergiert P^n und damit auch $\pi^{(n)}$ für $n \nrightarrow 8$:

$$\pi = \lim_{n \to \infty} \pi^{(n)} = \lim_{n \to \infty} \pi^{(0)} \cdot P^n$$

wobei der Grenzwert π des Vektors der Zustandswahrscheinlichkeiten unabhängig vom Anfangszustand $\pi^{(0)}$ ist. π ist die eindeutige Lösung der Gleichung $\pi' = \pi' \cdot P$ sowie der Bedingung $\sum_i \pi_i = 1$. Ein Prozess, der diese Eigenschaft besitzt, heißt *ergodisch*.

In den folgenden Überlegungen wird diese Eigenschaft stets vorausgesetzt.

---

[9] Vgl. Gal, Th. (Hrsg.): Grundlagen des Operations Research. Band 3, 3. Aufl., Springer-Verlag, Berlin u. a., 1992, S. 150

3.2   Ertrag und Wert eines Prozesses

Um ökonomische Entscheidungen treffen zu können, müssen mit Zuständen und Übergängen Kosten und Erträge verbunden sein. Erträge lassen sich in Form der Matrix A darstellen:

$$A = \begin{pmatrix} a_{00} & a_{01} \\ a_{10} & a_{11} \end{pmatrix}$$

mit a_{ij} : Ertrag, der beim Übergang von Zustand i nach Zustand j entsteht

Im Zustand i ist der Erwartungswert des Ertrages der nächsten Periode nur vom aktuellen Zustand i abhängig.

$$a_i = \sum_j a_{ij} \cdot p_{ij} \quad \text{mit dem Vektor} \quad a' = (a_1, ..., a_i, ...)$$

Der erwartete Ertrag für den zweiten Übergang ist:

$$\sum_{j,k} p_{ij} \cdot p_{jk} \cdot a_{jk} = \sum_j p_{ij} \cdot a_j \quad \text{bzw. (in Vektorschreibweise)} \quad p \cdot a$$

Somit gilt für den n-ten Übergang:

$$\sum_{j,k} p_{ij}^{(n-1)} \cdot p_{jk} \cdot a_{jk} = \sum_j p_{ij}^{(n-1)} \cdot a_j \quad \text{bzw.} \quad p^{(n-1)} \cdot a$$

Nun setzen wir

$$p_{ij}^{(0)} = \delta_{ij} = \begin{cases} 1, & \text{falls } i = j \\ 0, & \text{falls } i \neq j \end{cases} \quad \text{also} \quad P^0 = I \quad (I: \text{Einheitsmatrix})$$

Die Summe der Erträge in den ersten N Perioden ergibt sich wie folgt:

$$\pi_N(i) = a_i + \sum_j p_{ij} \cdot a_j + ... + \sum_j p_{ij}^{(N-1)} \cdot a_j = \sum_j [\delta_{ij} + \sum_{n=1}^{N-1} p_{ij}^{(n)}] \cdot a_j$$

d.h.

$$\pi_N(i) = \sum_j \sum_{n=0}^{N-1} p_{ij}^{(n)} \cdot a_j \quad \text{bzw.} \quad \pi_N(i) = \sum_{n=0}^{N-1} P^n \cdot a$$

Wegen der Konvergenz der $p_{ij}^{(n)}$ gegen π_j ist

$$\sum_j p_{ij}^{(n)} \cdot a_j = \sum_j \pi_j \cdot a_j = \overline{a} \quad (\overline{a} : \text{Durchschnittsertrag pro Periode})$$

annähernd konstant.

Weil die Konvergenz der $p_{ij}^{(n)}$ exponentiell erfolgt, gilt sogar, dass die Differenz $v_N(i)$ zwischen der Summe und dem N-fachen Grenzwert des Durchschnitts

$$v_N(i) = \sum_{n=0}^{N-1} p_{ij}^{(n)} \cdot a_j - N \cdot \overline{a}$$

konvergiert:

$$\lim_{N \to \infty} v_N(i) = \lim_{N \to \infty} \left[\sum_{n=0}^{N-1} \sum_j p_{ij} \cdot a_j - N \cdot \overline{a} \right] = v(i)$$

$v_N(i)$ lässt sich folgendermaßen zerlegen:

$$v_N(i) = a_i - \overline{a} + \sum_{n=0}^{N-1} \sum_k p_{ik} \cdot p_{kj}^{(n-1)} \cdot a_j - (N-1) \cdot \overline{a}$$

$$= a_i - \overline{a} + \sum_k p_{ik} \cdot v_{N-1}(k)$$

mit: $$v_{N-1}(k) = \left[\sum_{n=0}^{N-2} p_{kj}^{(n)} \cdot a_j - (N-1) \cdot \overline{a} \right]$$

$v_N(i)$ gibt den ökonomischen Wert für einen Prozess, der sich im Zustand i befindet und eine Laufzeit von N Perioden hat, an. In jeder Periode muss dabei der Durchschnittsertrag $\overline{a}$ abgeführt werden.

Die rechte Seite der Gleichung entspricht dem erwarteten Ertrag des nächsten Übergangs plus dem verbleibenden Wert ab der nächsten Periode.

Wie bereits erwähnt, besitzt $v_N(i)$ einen Grenzwert bzgl. N.

Es gilt:

$$v(i) + \overline{a} = a_i + \sum_j p_{ij} \cdot v(j)$$

Ein derartiger Prozess mit unbegrenzter Laufzeit erwirtschaftet einen durchschnittlichen Ertrag $\overline{a}$ pro Periode und besitzt zudem einen Anfangswert $v(i)$.

Läuft der Entscheidungsprozess über viele Perioden, sind die Erträge der einzelnen Perioden nicht mehr gleichwertig. Die zukünftigen Erträge müssen dann diskontiert werden.

Aus Platzmangel möchte ich an dieser Stelle auf Kapitel 11.5.4 [Gal, Th. (Hrsg.): Grundlagen des Operations Research Band 3, S. 156 ff.] verweisen.

3.3 Beispiel

Ein Unternehmen kann sich in den folgenden Zuständen *i* befinden:

- $i = 0$: der Betrieb einer Abteilung stockt,
- $i = 1$: der Betrieb einer Abteilung läuft.

In jedem Zustand *i* kann jede der beiden Aktionen (k)

- $k = 0$: das Management ist untätig,
- $k = 1$: das Management ist tätig

gewählt werden.

Die Annahmen für diesen Prozess zeigt die folgende Tabelle:

	Übergangswahrscheinlichkeiten		Erträge	
k = 0	$p_{00}^0 = \dfrac{2}{3}$	$p_{01}^0 = \dfrac{1}{3}$	$a_{00}^0 = 0$	$a_{01}^0 = 2$
	$p_{10}^0 = \dfrac{2}{5}$	$p_{11}^0 = \dfrac{3}{5}$	$a_{10}^0 = 3$	$a_{11}^0 = 6$
k = 1	$p_{00}^1 = \dfrac{1}{2}$	$p_{01}^1 = \dfrac{1}{2}$	$a_{00}^1 = -2$	$a_{01}^1 = 0$
	$p_{10}^1 = \dfrac{1}{5}$	$p_{11}^1 = \dfrac{4}{5}$	$a_{10}^1 = 1$	$a_{11}^1 = 4$

Tab. 4: Betriebsablauf
(Quelle: Gal, Th. (Hrsg.): Grundlagen des Operations Research Band 3, S. 160)

Weiterhin gibt es vier mögliche Strategien bzw. Entscheidungsregeln ($k = d(i)$):

- Passives Management: $d(0) = 0$ $d(1) = 0$
- Management im Ausnahmefall: $d(0) = 1$ $d(1) = 0$
- Schönwettermanagement: $d(0) = 0$ $d(1) = 1$
- Aktives Management: $d(0) = 1$ $d(1) = 1$

Berechnung der $v_n(i)$:

$$v_n(i) + \bar{a} = \max_k \left[a_i^k + \sum_j p_{ij}^k \cdot v_{n-1}(j) \right],$$

$$v_0(i) = 0$$

mit $v_n(i)$: Wert, der bei der Anwendung der optimalen Strategie erwartet werden kann

   $\bar{a}$: maximaler Durchschnittsertrag

Für die vier Strategien erhält man die folgenden Ergebnisse:

- Betrieb stockt, Management untätig: $a_0^0 = a_{00}^0 \cdot p_{00}^0 + a_{01}^0 \cdot p_{01}^0 = 0 + \dfrac{2}{3} = \dfrac{2}{3}$

- Betrieb läuft, Management untätig: $a_1^0 = a_{10}^0 \cdot p_{10}^0 + a_{11}^0 \cdot p_{11}^0 = \dfrac{6}{5} + \dfrac{18}{5} = \dfrac{24}{5}$

- Betrieb stockt, Management tätig: $a_0^1 = a_{00}^1 \cdot p_{00}^1 + a_{01}^1 \cdot p_{01}^1 = -1 + 0 = -1$

- Betrieb läuft, Management tätig: $a_1^1 = a_{10}^1 \cdot p_{10}^1 + a_{11}^1 \cdot p_{11}^1 = \dfrac{1}{5} + \dfrac{16}{5} = \dfrac{17}{5}$

$$v_n(0) + \overline{a} = \max\left[\frac{2}{3} + \frac{2}{3} \cdot v_{n-1}(0) + \frac{1}{3} \cdot v_{n-1}(1); -1 + \frac{1}{2} \cdot v_{n-1}(0) + \frac{1}{2} \cdot v_{n-1}(1)\right],$$

$$v_n(1) + \overline{a} = \max\left[\frac{24}{5} + \frac{2}{5} \cdot v_{n-1}(0) + \frac{3}{5} \cdot v_{n-1}(1); \frac{17}{5} + \frac{1}{5} \cdot v_{n-1}(0) + \frac{4}{5} \cdot v_{n-1}(1)\right].$$

Es gibt i.a. zwei Methoden zur tatsächlichen Lösung dieser Gleichung:

(1) Wertiteration

(2) Entscheidungsiteration

Sie können in jedem Fall angewendet werden, erfordern jedoch verschiedenen Rechenaufwand.

Ich verweise dazu auf Kapitel 11.6.1 und 11.6.2 [Gal, Th. (Hrsg.): Grundlagen des Operations Research Band 3, S. 163 ff. und 170 ff.].

4 Ausblick[10]

Die (stochastische) dynamische Programmierung erscheint zwar kompliziert, hat aber den Vorteil, dass viele Bedingungen und (Kosten-) Einflüsse problemlos mit berücksichtigt werden können.

Wenn mehrere Produkte gleichzeitig betrachtet werden, steigt der Rechenaufwand jedoch sehr stark an. Dafür eignen sich die Modelle der Linearen Programmierung und teilweise auch die Modelle der Flussmaximierung in Graphen (einschließlich des Transportsystems) besonders gut.

Unter den verschiedenen möglichen Lösungsverfahren ist je nach auftretender Problemstellung das vorteilhafteste auszuwählen. Erweist sich ein Problem für die Anwendung dieser Methoden jedoch als zu schwierig, bilden die heuristischen Verfahren einen weiteren Lösungsweg.

---

[10] Vgl. Dr. Müller-Merbach, H.: Operations Research, 3. Aufl., Verlag Vahlen, München, 1973, S. 491 f.

Anhang – verwendete Bezeichnungen

e_i — Entscheidungsvariable des Modells: Entscheidung in Stufe i

$E_i(z_i)$ — Entscheidungsraum / -menge: Menge aller Entscheidungen, aus denen in Stufe i, vom Zustand z_i ausgehend, gewählt werden kann

$f_i(z_i, e_i)$ — Stufenbezogene Zielfunktion: beschreibt den Einfluss der Entscheidung ei im Zustand zi auf den Zielfunktionswert

$g_i(z_i, e_i)$ — Transformationsfunktion: beschreibt den Übergang des Problems in Zustand z_i, wenn in Stufe i die Entscheidung e_i getroffen wurde

n — Anzahl der Stufen, in die der EP zerlegt werden kann

IR — Menge der reellen Zahlen

z_i — Zustandsvariable: Zustand, in dem sich das betrachtete Problem in Stufe i befindet

Z_i — Zustandsraum / -menge: Menge aller Zustände, in denen sich das Problem in Stufe i befinden kann

z_{i+1} — Zustand nach dem Übergang in die nächste Stufe $(i+1)$

z_1 — Anfangszustand

z_{n+1} — Endzustand

Literaturverzeichnis

(1)   Domschke, W.; Drexl, A.: Einführung in Operations Research, 3. Aufl.,
        Springer-Verlag, Berlin u.a., 1995

(2)   Gal, Th. (Hrsg.): Grundlagen des Operations Research. Band 3, 3. Aufl.,
        Springer-Verlag, Berlin u. a., 1992

(3)   Dr. Müller-Merbach, H.: Operations Research, 3. Aufl., Verlag Vahlen,
        München, 1973

(4)   Neumann, K.; Morlock, M.: Operations Research, Carl Hanser Verlag,
        München u.a., 1993

(5)   Winston, W.L.: Operations Research. Applications and Algorithms, 3rd edition,
        Duxbury Press, 1993

www.ingramcontent.com/pod-product-compliance
Lightning Source LLC
LaVergne TN
LVHW042310060326

832902LV00009B/1398